**Vente du Mercredi 19 Février 1873**

SALLE N° 2.

## *APRÈS DÉCÈS*

# TABLEAUX

## MODERNES

### ET

# DESSINS

EXPOSITION PUBLIQUE : Le Mardi 18 Février 1873.

| | |
|---|---|
| **M<sup>e</sup> CHARLES PILLET,**<br>COMMISSAIRE-PRISEUR<br>10, rue de la Grange-Batelière. | **M. DURAND RUEL,**<br>EXPERT<br>16, rue Lafitte. |

# CATALOGUE

DE

# TABLEAUX MODERNES

ET

# DESSINS

PAR

BELLANGÉ, BONVIN, CHINTREUIL, CLÉSINGER, FAUVELET, CH. JACQUES,

JADIN, RIBOT, ROYBET, SCHREYER, TROYON, VOLLON, ZIEM, ETC.

DONT LA VENTE AURA LIEU

Après décès

## HOTEL DROUOT, SALLE N° 2

### Le Mercredi 19 Février 1873

A DEUX HEURES.

———

Par le ministère de **M<sup>e</sup> CHARLES PILLET**, Commissaire-Priseur,

10, rue de la Grange-Batelière;

Assisté de M. **DURAND-RUEL**, Expert, 16, rue Lafitte,

*Chez lesquels se trouve le présent Catalogue*

———

EXPOSITION PUBLIQUE:

*Le Mardi 18 Février 1873, de une heure à cinq heures.*

# CONDITIONS DE LA VENTE

---

Elle sera faite au comptant.

Les adjudicataires payeront *cinq pour cent*, en sus des enchères.

L'exposition mettant le public à même de se rendre compte de l'état des objets, il ne sera admis aucune réclamation une fois l'adjudication prononcée.

---

Paris. — Typ. PILLET fils aîné, rue des Gr.-Augustins, 5.

# DÉSIGNATION

## BELLANGÉ (Hippolyte)

1 — Prisonniers autrichiens et soldats français.

Haut., 24 cent.; larg., 19 cent.

## BONVIN

2 — L'Ecole des sœurs.

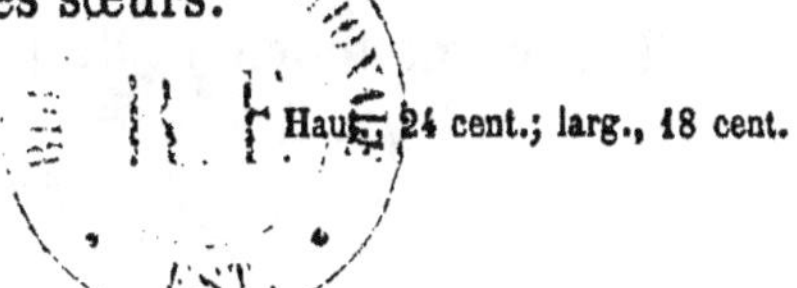

Haut., 24 cent.; larg., 18 cent.

## BONVIN

3 — Petite fille tenant une pomme.

Haut. 31 cent.; larg., 23 cent.

## BONVIN

4 — Nature morte.

Haut., 32 cent.; larg., 28 cent.

## BONVIN

5 — Portrait d'homme.

Ovale. Haut., 27 cent.; larg., 21 cent.

## BONVIN

6 — Une dame touchant du piano.

Haut., 45 cent. ; larg., 32 cent.

# BOUDIN

7 — Plage de Honfleur.

Haut. 16 cent. ; larg., 29 cent.

# CHINTREUIL

8 — Paysage : Femme portant un fagot.

Haut., 49 cent. ; larg., 70 cent.

# CLÉSINGER

9 — Paysage.

Haut., 18 cent.; larg., 23 cent.

# COIGNARD

10 — Moutons dans un paysage.

Haut., 17 cent.; larg., 27 cent.

# FAUVELET

11 — Gentilhomme Louis XIV.

Haut., 18 cent.; larg., 11 cent.

# FAUVELET

12 — L'Atelier de peintre.

Haut., 27 cent.; larg., 22 cent.

# GUIGNET

13 — Guerriers gaulois dans un souterrain.

Haut., 21 cent.; larg., 20 cent.

# GUIGNET

14 — Lanciers gaulois dans un intérieur.

Haut., 22 cent.; larg., 24 cent.

## JACQUES (CHARLES)

15 — Poules.

Haut., 31 cent.; larg., 45 cent.

## JADIN

16 — Chien dogue.

Haut., 23 cent.; larg., 18 cent.

## RIBOT

17 — Canard et artichaut.

Haut., 59 cent.; larg., 72 cent.

## RIBOT

18 — Poissons et homard.

Pendant du précédent.

Haut., 59 cent.; larg., 72 cent.

# ROYBET

19 — L'Avare.

Haut., 44 cent.; larg., 34 cent.

# SCHREYER

20 — Convoi de blessés.

Haut., 44 cent.; larg., 74 cent.

# TASSAERT

21 — La Mère malade.

Haut., 45 cent.; larg., 37 cent.

# TROYON

22 — Vue de Tendu, près Argenton (Indre).

Haut., 55 cent.; larg., 91 cent.

# VOLLON

23 — Une cour de ferme.

Haut , 59 cent.; larg., 72 cent.

# VOLLON

24 — Moulin à vent et Village.

Haut., 24 cent.; larg., 32 cent.

# VOLLON

25 — Poisson et Ecrevisses.

Haut., 28 cent.; larg., 53 cent.

# YONGKIND

26 — Patineurs hollandais.

Haut., 44 cent.; larg., 75 cent.

# YONGKIND

27 — Un canal en Hollande.

Haut., 21 cent.; larg., 26 cent.

# ZIEM

28 — Embarquement d'émigrants à Toulon.

Haut., 68 cent.; larg., 108 cent.

# DESSINS

—

## DAUMIER

29 — Types de juges en robes.

Dessin au crayon noir.

## DAUMIER

30 — Un parterre de théâtre.

Dessin rehaussé.

## DAUMIER

31 — L'Orateur interrompu.

Dessin au crayon noir

# DAUMIER

32 — Une femme avec deux enfants.

Dessin au crayon noir.

# DREUX-DORCY

33 — Tête de jeune fille.

Dessin à la mine de plomb.

# DREUX-DORCY

34 — Tête de jeune fille.

Pendant du précédent.

Dessin à la mine de plomb.

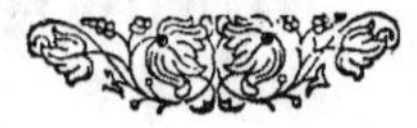